EXAMEN

DES DEUX PROJETS DE LOI

SUR L'ORGANISATION

DES COLONIES

ET SUR LES DROITS CIVILS ET POLITIQUES

DES HOMMES DE COULEUR.

Par Mondésir RICHARD,

MANDATAIRE GÉNÉRAL ET SPÉCIAL DES HOMMES DE COULEUR
DE LA GUADELOUPE.

PARIS,

IMPRIMERIE DE Mme. V^e. PORTHMANN,
RUE SAINTE-ANNE, N°. 43, VIS-A-VIS CELLE VILLEDOT.

1831.

DU PROJET DE LOI

SUR

L'ORGANISATION DES COLONIES.

En acceptant l'honorable mandat des hommes de couleur de la Guadeloupe, j'en ai apprécié tous les devoirs. Je me suis dit : Plus leur cause est juste, plus elle doit être défendue avec calme et dignité. Mais, à la lecture du projet de loi dont les vingt-six articles semblent autant de mystifications, j'ai été agité par une émotion douloureuse : alors seulement j'ai senti toute la difficulté de l'engagement pris avec moi-même de ne jamais dévier de la ligne de modération que je me suis tracée. Je me flatte que la Chambre des Députés, dont la mission est de défendre les droits des Français, comprendra mes impressions. Je compte sur son impartialité pour corriger dans la loi tout ce qui la met en désaccord avec les besoins des hommes de couleur, besoins si étroitement liés aux intérêts généraux des colonies. Fort de cet espoir, j'ai l'honneur de lui soumettre les observations suivantes :

Dans l'exposé des motifs, Monsieur le Ministre dit :

« Le Gouvernement a dû entendre les dé-
» légués des Colonies, qui ont été appelés à
» Paris, à la fin de 1830, pour être consultés
» sur la nouvelle législation coloniale à inter-
» venir. »

Il est à regretter que Monsieur le Ministre, dans une matière si importante pour les hommes de couleur, n'ait pas appelé leurs mandataires à Paris, pour être entendus contradictoirement avec les délégués des blancs. Tenus à l'écart, ils n'ont pu suivre aucune réclamation auprès de la Commission de législation coloniale ; cette Commission, toujours en contact avec les délégués des Colons, a dû, à son insu peut-être, subir leur influence.

Cette influence ne se fait que trop sentir dans l'élévation du cens électoral et de celui d'éligibilité. Pour motiver cette élévation, Monsieur le Ministre a parlé du système monétaire ; il a dit que l'argent valait trois fois moins aux Colonies qu'en France ; que le cens électoral de 200 francs dans la métropole aurait dû être porté rigoureusement à 600 francs dans la Colonie, et il a semblé faire une concession en le fixant à 400 francs. Cette proposition repose évidemment sur une erreur de fait. La pièce d'un franc a la même valeur aux Colonies qu'à Paris ; et si je donne en France 100 pièces de 5 francs contre une lettre de change de 500 francs, cette lettre de change me sera payée à la Guadeloupe par 100 pièces de 5 francs.

Il est vrai que les denrées provenant de la métropole valent aux Colonies 25 pour cent environ de plus qu'elles ne valent en France ; cette plus-value a pour cause la commission d'achat, le fret, les assurances, les droits d'entrée, l'intérêt de l'argent et le bénéfice du négociant. Mais, 100 livres pesant de sucre, qui est aussi une denrée, et qu'on achète pour 25 francs à la Guadeloupe, ne se vendent-elles pas au Havre 65 francs ? Il faudrait donc en conclure que l'argent a plus de valeur aux Colonies qu'en France, puisqu'on y achète un quintal de sucre avec 5 pièces de 5 francs, et qu'en France, le consommateur est obligé de donner 13 pièces de 5 francs pour la même quantité de sucre. En partant de ces deux bases, et en examinant la question sous chacune de ses faces, la capacité électorale dans le premier cas, qui se paie en France 200 francs, vaudrait 25 pour cent de plus aux Colonies, soit 250 francs, tandis que dans le second cas, cette capacité ne vaudrait que 76 francs 93 centimes.

Mais, ce qu'il y a de plus irrationnel dans le travail de la Commission, c'est d'assimiler les modestes fonctions d'un Membre du Conseil colonial aux importantes fonctions d'un Député de la France. En effet, le Député investi de l'omnipotence parlementaire fait des lois et des chartes au besoin, tandis que la capacité d'un Membre du Conseil colonial ne peut se hausser qu'au vote du budget local. Il est de principe que moins les attributions d'un corps électif ont d'importance sous le rapport politique, moins la loi doit exiger de garanties dans ceux qu'elle appelle à en élire les Membres. Tel qui est habile à nommer un Conseiller municipal, ne l'est pas à nommer un Conseiller de département, et encore moins un Député. Or, d'après le projet de loi, les attributions du Conseil colonial sont analogues à celles des Conseils de département; il devrait donc y avoir parité dans les conditions de leur élection.

Je prie la Chambre de se rappeler que, sous la Restauration, le cens d'éligibilité aux Colonies n'était que de 300 francs; aucun cens électoral n'était exigé; il suffisait qu'on fût officier dans la Garde nationale pour être électeur. Mais aujourd'hui que les hommes de couleur peuvent être électeurs et éligibles, on porte le cens à 400 et à 800 francs. Voudrait-on fermer l'entrée des colléges électoraux aux hommes de couleur? Voudrait-on les retenir dans cet état d'ilotisme contre lequel ils protestent depuis tant d'années? On leur accorde le droit pour leur dénier le fait. On proclame l'égalité politique pour tous les hommes libres, et l'on consacre en pratique les priviléges des blancs. Que la Chambre se le persuade bien : si le cens proposé n'est pas considérablement réduit, un très-petit nombre d'hommes de couleur feront partie des colléges électoraux, et pas un seul n'arrivera au Conséil colonial.

Et sur quoi, d'ailleurs, la Commission établit-elle la base du cens? Sur la tête des esclaves, leur déclarant ainsi que, pour eux, l'avenir est sans espérance! La Commission ignore-t-elle donc, ce qui est avéré pour tout le monde, que tel Planteur qui recense jusqu'à deux cents de ces malheureux, ne posséderait rien si la loi d'expropriation pouvait l'atteindre, et qu'il représente moins la propriété que le négociant de quatrième classe? Néanmoins, le possesseur fictif serait électeur, éligible, et le possesseur réel, le négociant de quatrième classe, ne le serait pas. Étrange justice!

La Commission aurait mieux fait de dire

aux hommes de couleur qu'elle ne voulait pas qu'ils exerçassent leurs droits politiques, et que, leurs droits civils exceptés, rien ne serait changé à l'ancien systême colonial. Cette ingénuité eût été plus morale ; mais il fallait, je le répète, le déclarer hautement, et non pas le faire dire aux 26 articles du projet de loi.

Les Chambres, sous la Restauration même, se sont élevées contre le systême des ordonnances suivi pour les Colonies ; et la Charte de 1830 a voulu qu'elles fussent désormais régies par *des lois*. Que fait la Commission ? Contre le vœu de l'article 64 de cette charte, elle fait revivre ce fatal systême d'ordonnances formellement aboli, en laissant à régler par elles, soit dans la Métropole, soit aux Colonies mêmes :

1°. L'organisation et le service des Gardes nationales.

2°. L'organisation Municipale.

3°. La police de la Presse.

4°. La police des Cultes.

5°. L'Instruction publique.

6°. Les encouragemens à donner à l'instruction primaire.

7°. Les Recensemens.

8°. Les Améliorations à introduire dans la condition des personnes non libres

9°. Les pénalités applicables à cette classe, pour tous les cas qui n'emportent pas la peine capitale.

La Chambre ne peut consentir à de telles concessions, qui seraient visiblement contraires à ses devoirs, à sa dignité et à ses droits; la loi qui les consacrerait serait inconstitutionnelle et radicalement nulle. La Charte voulant que les Colonies soient régies par des lois, les Chambres ne peuvent, sans forfaire, décréter qu'elles seront régies par des ordonnances; elles ne peuvent souscrire à cette violation flagrante de la Charte de vérité. Tout au plus pourrait-on abandonner aux ordonnances royales et locales les matières qui n'offrent aucune prise aux passions et aux préjugés : leur part ne serait-elle pas assez large, si on leur laissait :

L'assiette et la répartition de l'Impôt ;

Le Budget colonial ;

L'emploi des fonds de réserve et des fonds votés extraordinairement pour les dépenses spéciales, *et toutes les matières d'intérêt local qui ne sont pas comprises dans l'article 2 de la loi.*

Le régime des habitations, les plantations, les vivres, les travaux publics, les routes

royales , les chemins vicinaux et de passage ,
la police rurale, les desséchemens , les concessions , la santé publique , les banques et les
comptoirs d'escomptes , les emprunts , acqui-
sitions , échanges ou aliénations d'immeubles,
les dons et legs au-dessous de 1000 fr. ; les
bureaux de bienfaisance , les hospices et les
prisons ; les récompenses à accorder pour les
services signalés rendus à la Colonie.

Si MM. les Députés n'y prenaient garde ,
*s'ils ne comprenaient pas , dans l'article 2 de
la loi* , les neuf points importans que je viens
de leur signaler , qu'arriverait-il ? L'ancien
système colonial , qu'ils ont si long-temps
stigmatisé , sortirait tout entier de leurs mains
avec son arbitraire , ses révoltans abus , ses
monstrueuses injustices! Ils en sentiront d'autant plus la nécessité , que le 2ᵉ. paragraphe
de l'article 3 , qui rétablit les ordonnauces ,
dit : « Seront entendus préalablement le con-
» seil privé , auquel seront adjoints deux
» membres du conseil colonial, et les délégués
» de la Colonie. » Rien n'est plus clair , plus
positif; *on entendra les Colons avant de statuer sur l'organisation de la Garde nationale,
sur les améliorations au sort des esclaves, etc.*
Quoi! après nos seize années de réclamations , après la mission spéciale de plusieurs
commissaires royaux aux Colonies, pour étu-

dier ces matières, après quinze mois de travaux d'une Commission composée d'anciens
gouverneurs, d'administrateurs et de magis-
trats des Colonies, après que cette même commission a entendu les délégués des blancs, et
reçu d'eux des notes, des mémoires, *des pro-
jets de lois* qui exprimaient tous les vœux de
leurs commettans, la Commission ose nous
dire encore, qu'il faut que les Colons soient
consultés de nouveau !..... Comment ! la
Charte nous promet des lois, et vous nous re-
placez inhumainement sous l'empire des ordonnances, et le mauvais vouloir des Colons !
N'est-ce donc pas assez de nous avoir tenus sous
cet épouvantable régime pendant trois cents
ans ? A-t-on bien calculé toute la portée d'une
pareille déception ? Se flatte-t-on que les hommes de couleur resteront impassibles devant
une si cruelle mystification ? Non ! et j'en de-
mande justice à la Chambre ; j'invoque son
appui et celui de la presse : refuseront-elles
leurs secours aux hommes de couleur qui les
implorent par ma voix ? Sacrifieront-elles nos
droits sacrés aux préjugés des blancs, et les
intérêts généraux des Colonies aux intérêts
mal compris de quelques Planteurs ? Défen-
seurs nés des Colonies, toujours les premiers
à y maintenir l'ordre, à les protéger contre

l'ennemi , les hommes de couleur , éminem-
ment Français, ont droit à toute la sympathie
de la Chambre et de la France entière.

L'institution du jury, modifiée aux Colonies
pour les blancs., n'est même pas mentionnée
dans la loi , en ce qui touche les hommes
de couleur ; et la Garde nationale de couleur,
qui a ses pairs pour officiers dans les Colonies voisines des nôtres , continuera à être
commandée par des blancs. Singulière égalité
que celle qui fait d'un blanc un juré , sans
que l'homme de couleur puisse l'être ; le premier capitaine ou colonel, et le second caporal,
ou sergent-major , tout au plus !

L'article 7 de la loi dit :

« Le budget de la Colonie sera , en ce qui
» concerne les dépenses , divisé en deux par-
» ties ; la première , intitulée : dépense gé-
» nérale et obligatoire ; et la seconde , dé-
» penses locales et facultatives. Le Conseil co-
» lonial pourra rejeter tout ou partie des dé-
» penses locales et facultatives ; mais il ne
» pourra que faire des observations sur les
» dépenses générales et obligatoires. »

Croirait-on que les *approvisionnemens* sont
compris dans les dépenses locales et facultatives? Supposons que le Conseil colonial veuille,
en temps de guerre , faire passer la Colonie

sous une domination étrangère, ne peut-il pas rejeter le chapitre des approvisionnemens ? Il est dès-lors indispensable que la Chambre fasse entrer les approvisionnemens dans les dépenses générales et obligatoires ; elle ne peut laisser aux Colons la faculté de paralyser, par un vote, la défense de la Colonie. Elle demandera probablement des renseignemens sur diverses dépenses portées au chapitre 5 du budget colonial, qui ne sont pas comprises dans la nomenclature des dépenses obligatoires, et que le Conseil colonial peut, par conséquent, rejeter.

Le tableau annexé à la loi, et qui fixe les circonscriptions électorales, mérite l'attention particulière de la Chambre : là aussi les intérêts généraux sont méconnus en faveur des Planteurs ; car il n'accorde que neuf membres au Conseil colonial pour les deux villes de la Basse-Terre et de la Pointe-à-Pître à la Guadeloupe, auxquelles sont réunies quatre communes. Ainsi, les deux tiers de la population libre, aglomérée, comme chacun sait, dans ces deux villes, ne nommeront que ces *neuf* membres sur *trente*, et encore les Planteurs de ces quatre communes y concourront-ils. Est-il possible que la Commission n'ait pas senti toute l'injustice d'une semblable répar-

tition ? Quoi! neuf membres seulement pour
les deux tiers de la population, et vingt-un
membres pour les Planteurs ! N'est-ce pas im-
moler les intérêts des villes aux intérêts de
l'aristocratie, et le plus grand nombre au plus
petit ?

Ce qui regarde les circonscriptions électorales et toutes les principales questions rela-
tives aux hommes de couleur, a été traité avec
une grande supériorité de vues et une rare
impartialité dans une brochure mûrement
élaborée par M. le comte de Santo-Domingo,
qui, ayant habité long-temps la Martinique, et
s'étant éclairé de tous les documens sur la matière, en parle en toute connaissance de cause.
Cette brochure a le mérite d'être bien écrite et
très-concise ; MM. les Députés pourront la
consulter avec intérêt et avec fruit ; je ne
puis donc trop insister sur la prière que je
leur fais de lire M. de Santo avant le vote de
la loi.

Les délégués des blancs ne manqueront pas
d'élever de hautes clameurs contre le Projet
de Loi que les mandataires des hommes de
couleur combattent de leur côté, et M. le Ministre nous le fait pressentir dans l'exposé des
motifs, lorsqu'il parle du cens. Les délégués
espèrent, par ce moyen, décider la Chambre à

adopter la loi comme un *mezzo termine* entre leurs réclamations et les nôtres; les hommes de couleur espèrent , eux , que la Chambre ne se laissera pas prendre à ce piége grossier.

DU PROJET DE LOI SUR LES DROITS CIVILS ET POLITIQUES DES HOMMES DE COULEUR.

Dans son exposé des motifs, M. le Ministre s'exprime ainsi :

« La Charte veut que tous les Français » soient égaux devant la loi, et soient tous » également admissibles aux emplois publics. » La loi proposée n'est donc que LA RECON- » NAISSANCE D'UN DROIT en ce qui concerne » les hommes de couleur nés en état de liberté » sur un sol français. »

Je prie MM. les Députés d'accueillir favorablement la réclamation que j'ai eu l'honneur de leur présenter en septembre dernier, et que j'ai appuyée d'une consultation signée par l'un de nos plus célèbres légistes, M. Crémieux, pour qu'elle introduise dans cette loi, par forme d'amendement, que c'est en vertu de l'art. 1er. de la Charte de 1830, que toute personne née libre aux Colonies jouit des droits civils et politiques. La reconnaissance de ce droit dérivant de la Charte, se trouve-

rait ainsi consacrée dans la loi elle-même,
comme elle l'est dans l'exposé des motifs.
MM. les Députés sentiront qu'ils ne sauraient
donner aux hommes de couleur trop de garanties pour la conservation de ces droits qui
leur ont été reconnus et retirés tour à tour,
mais qui ne pourraient plus leur être légale-
ment contestés, alors qu'ils découleraient de
l'art. 1er. de la Charte.

Les patronnés ou libres de Savane ont aussi
des droits réels à la bienveillance du Gouvernement et de la Chambre, et ce serait mal
comprendre les intérêts généraux des Colonies, que de les laisser en dehors des améliorations actuelles. La première Commission de
législation coloniale les avait assimilés aux
libres de naissance pour les droits civils et
politiques dans la loi sur l'état des personnes
(voir la proposition de l'honorable M. de
Tracy); mais la nouvelle Commission les a
déshérités du bénéfice de cette loi, et a ren-
voyé à statuer plus tard sur leur sort. Rien de
plus impolitique. Les patronnés sont libres
de fait, et ne peuvent plus être remis en es-
clavage; inutile, dès-lors, de les retenir dans
cet état intermédiaire, sans profit pour la Colonie, et si essentiellement contraire à sa tran-
quillité. Les patronnés sont, a dit M. le Mi-

nistre, au nombre de plusieurs mille : eh
bien! je tire de leur nombre même une rai-
son péremptoire pour qu'on s'en fasse des
auxiliaires, et non des ennemis.

Je crois en avoir dit assez pour que la Chambre se pénètre bien de la nécessité d'un amendement en faveur des patronnés, qui les placerait dans la catégorie des affranchis.

CONSIDÉRATIONS SUR L'ÉTAT ACTUEL DES COLONIES.

Les Colonies sont aujourd'hui, ainsi que le
reconnaissent tous les observateurs impar-
tiaux, dans une situation qui offre beaucoup
d'analogie avec celle où se trouvait la France
en 89.

Ici la noblesse, le clergé et le tiers-état for-
maient trois classes distinctes avec des intérêts différens.

Aux colonies, les blancs, les hommes de
couleur et les esclaves forment également
trois classes avec des intérêts divers.

En laissant de côté les esclaves, dont le
Gouvernement promet de s'occuper bientôt,
il n'est personne qui ne convienne, et telle
est ma conviction profonde, qu'il est ur-

gent de réunir ces deux classes libres dans un même esprit, dans un même intérêt. Or, que faut-il faire? La réponse est facile : Faisons pour les Colonies ce qu'on fit pour la France en 89.

Qui composa les états-généraux et l'assemblée constituante? La noblesse, le clergé et le tiers-état. Pourquoi? Pour réunir ces divers intérêts dans un intérêt commun. Eh bien! suivons la même marche pour les Colonies, mais profitons du moins des leçons de l'expérience; atteignons le but en évitant les écueils; ces écueils, ce sont LES LUTTES DE CASTES; elles ont ensanglanté la France et causé la ruine de Saint-Domingue!

Le cens électoral et celui d'éligibilité portés au chiffre exorbitant de 400 et de 800 fr. ont été adoptés sur les pressantes réclamations des délégués des blancs, qui ont feint de craindre qu'avec un cens moins élevé, les colléges électoraux ne fussent envahis par les hommes de couleur, et que le pouvoir ne passât en leurs mains. Cette crainte, d'ailleurs, ne serait nullement fondée, si, comme l'assurent les délégués eux-mêmes, les deux classes se balancent. Dans tous les cas, on pourrait, par un moyen bien simple, faire cesser toute inquiétude. Que la Chambre fixe le nombre des électeurs pour chacune des Colonies, eu égard à sa population, sur une base large et qui satisfasse toutes les exigences, et qu'elle dise que les électeurs et les membres du Conseil colonial seront en nombre égal de blancs et d'hommes de couleur, choisis parmi *les plus imposés* dans les deux classes. Toute la difficulté pour le cens et toute crainte pour l'envahissement des colléges sont écartées par cette combinaison, et il est facile de prévoir que l'une et l'autre classes, forcées de s'entendre pour former une majorité et nommer les Membres du Conseil colonial, chacune d'elle ne pourra présenter pour candidats, que des hommes sages et d'esprit conciliant, qui offriront toutes les garanties désirables sous le double rapport de la fortune et de la modération, et qui travailleront de bon accord, alors que la loi ne pourra plus être éludée dans l'intérêt d'aucun parti.

On va dire que c'est vouloir perpétuer ces différences de castes que de les mentionner dans la loi ; je suis bien loin de le penser, je crois, au contraire, que la nouvelle position dans laquelle la loi placerait les hommes de couleur, ferait disparaître promptement ces différences, tandis qu'on les perpétuera à jamais, si, par des voies détournées, on prive les hommes de couleur de l'exercice de leurs droits politiques. Ce n'est pas la couleur de la peau qui a formé le préjugé aux Colonies, d'anciennes alliances le prouvent ; ce sont les incapacités dont les hommes de couleur ont été frappés : faites cesser ces incapacités, et les haines de castes disparaîtront.

Alors nous verrons les blancs ne plus craindre de voir passer le pouvoir aux mains des hommes de couleur ; alors enfin, ceux-ci ne craindront plus de le voir exclusivement entre les mains des blancs.

Mais si, par impossible, la fatale influence de l'aristocratie des Planteurs aveuglait la Chambre au point de lui faire voter de confiance la loi proposée, l'analogie entre la situation de la France en 89 et celle de nos Colonies, serait complète. Il a fallu une révolution pour émanciper le tiers-état ; les mêmes causes produiraient les mêmes effets.

MONDÉSIR RICHARD,

Mandataire général et spécial
des hommes de couleur de la Guadeloupe.

Paris, le 31 Décembre 1831.

AMENDEMENS

SOLLICITÉS

PAR LE MANDATAIRE DES HOMMES DE COULEUR

DE LA GUADELOUPE.

Loi sur l'organisation des Colonies.

Réduire le cens électoral et celui d'éligibilité;

Réduire à cinq années, comme auparavant, les dix années de résidence demandées pour être électeur;

Retirer de l'art. 3 de la loi pour les introduire dans l'art. 2; savoir :

L'organisation municipale;

L'organisation et le service des Gardes nationales;

L'instruction publique;

Les encouragemens à donner à l'instruction primaire;

La police de la presse ;

Les recensemens ;

La police des cultes ;

Les améliorations à introduire dans la con-dition des personnes non libres ;

Les pénalités applicables à cette classe pour tous les cas qui n'emportent pas la peine ca-pitale ;

Introduire dans l'art. 2 le jury avec les mo-difications jugées nécessaires pour son appli-cation aux Colonies.

Retirer les approvisionnemens du chapitre des dépenses locales et facultatives (art. 7 de la loi) pour les porter au chapitre des dé-penses générales et obligatoires.

Circonscriptions électorales.

Faire accorder à la ville de la Pointe-à-Pître (environ 18000 habitants) douze Membres pour le Conseil colonial et à celle de la Basse-Terre (environ 8000 habitans) six membres, ensemble dix-huit membres pour les deux villes, sur les trente membres demandés pour le conseil.

Loi qui accorde les droits civils et politiques aux hommes de couleur.

Faire introduire dans la loi que c'est en vertu de l'art. 1er. de la Charte, qu'ils ont leurs droits civils et politiques.

Faire reconnaître la liberté légale des libres de fait, désignés sous le nom de patronnés ou libres de Savane, et les assimiler aux affranchis pour jouir des droits civils immédiatement après leur enregistrement sur les registres de l'état civil, et des droits politiques dix années après.

Imprimerie PORTHMANN, rue Sainte-Anne, n. 43.